W9-CKB-857

105
ANDERSON ELEMENTARY SCHOOL
LIBRARY

ZOOLOGICOS

Lugares divertidos para visitar

Jason Cooper
Versión en español de Elsa Sands

The Rourke Corporation, Inc.
Vero Beach, Florida 32964

© 1992 The Rourke Corporation, Inc.

All rights reserved. No part of this book may be reproduced or utilized in any form or by any means, electronic or mechanical including photocopying, recording or by any information storage and retrieval system without permission in writing from the publisher.

CREDITOS FOTOGRAFICOS

© Lynn M. Stone : Portada, página titular y páginas 4, 7, 8, 10, 12, 15, 17 18;
© James P. Rowan: páginas 13, 21

AGRADECIMIENTOS

El autor agradece a las siguientes personas por su cooperación en la preparación de este libro: el zoológico Brookfield de Chicago, IL; el centro para el estudio de aves tropicales, San Antonio,TX; el zoológico de Cincinnati, OH; el zoológico de Lincoln Park de Chicago, IL; el santuario para koalas en Lone Pine, Brisbane, Queensland, Australia; el parque-zoológico de San Diego, CA; y el museo menor de Tallahassee, FL.

Library of Congress Cataloging-in-Publication Data
Cooper, Jason, 1942-
   [Zoos. Spanish]
   Zoológicos / por Jason Cooper.
      p.   cm. — (Lugares divertidos para visitar)
   Incluye índice
   Resumen: Brevemente describe la manera en que los parques zoológicos coleccionan, cuidan, exhiben, estudian, y enseñan en los diferentes tipos de animales.
   ISBN 0-86593-241-7
   1. Parques zoológicos—Literatura juvenil. 2. Animales de parques zoológicos — Literatura juvenil. [1. Parques zoológicos. 2. Animales de parques zoológicos. 3. Materiales en idioma español.] I. Titulo. II. Series: Cooper, Jason, 1942-   Lugares divertidos para visitar.
[QL76.C6618   1992]
590'.74'4—dc   92-19317
                                                            CIP
                                                            AC

TABLA DE CONTENIDO

ZOOLOGICOS

Tal vez nunca verás un tigre salvaje en la India o un león en Africa. Pero en una visita al zoológico podrás ver a estos animales y muchas otras clases de animales salvajes.

Los zoológicos son lugares que **exhiben** animales salvajes de todo el mundo. Algunos zoológicos tienen jardines excelentes.

Una jirafa busca regalos

ANIMALES EN EL ZOOLOGICO

Si visitas un zoológico grande verás cientos de animales. Muchos estarán en pareja. Algunos en manada o hato.

Encontrarás un animal para cada letra del alfabeto, desde los antílopes hasta las zarigueyas. Verás muchas sorpresas,animales que nunca has soñado – los gibones, los gerifaltes, los orixes, los okapis y los onagros.

Una de las grandes sorpresas del zoológico – un buitre (rey) de muchos colores

ZOOLOGICOS ESPECIALIZADOS

Los zoológicos pequeños a menudo son zoológicos especializados. No tienen tanto espacio o tantos animales como los zoológicos grandes de las ciudades. Sin embargo, tienen excelentes **colecciones,** o grupos, de ciertas clases de animales.

Por ejemplo, el zoológico en el Museo Menor de Tallahassee, Florida sólo exhibe animales de Florida. El Alpenzoológico de Austria exhibe solamente animales de los Alpes.

Una pantera de Florida en peligro
de desaparecer del Museo
Zoológico Menor de Tallahasee

EXHIBICIONES

En el zoológico verás muchas exhibiciones de animales al aire libre. Los zoológicos nuevos tratan de construir exhibiciones que se parecen al **hábitat** natural de los animales. Estas exhibiciones se conocen como exhibiciones de hábitat. Estas son espaciosas y fáciles de ver.

En vez de usar jaulas con barras de acero para separar a la gente de los animales, los zoológicos modernos usan canales, fosos y vidrio.

En las exhibiciones con paredes de vidrio, la gente puede acercarse casi cara a cara con los tigres, los osos y los leopardos.

Sólo un vidrio separa el perezoso curioso de los niños curiosos

Una madre koala y su bebé comparten una rama de eucalipto

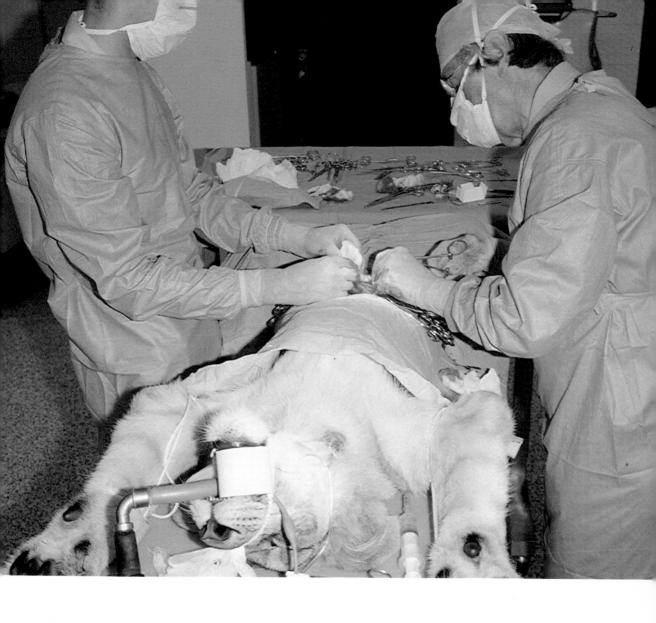

El rey de las bestias recibe tratamiento real de los veterinarios del zoológico

ESTUDIANDO LOS ANIMALES DEL ZOOLOGICO

Cuando visitas al zoológico toma tiempo para observar el comportamiento de los animales. La gente que trabaja en el zoológico también estudia los animales. Los trabajadores del zoológico observan a algunos animales en más detalle para aprender más sobre su comportamiento.

Al estudiar los animales en **cautiverio** los trabajadores del zoológico pueden hacer mejores decisiones sobre el cuidado de estos animales. El zoológico también aprende más sobre el comportamiento de los animales salvajes. Esto es importante porque muchos zoológicos participan en programas para proteger a los animales salvajes.

Hato o manada de lobos que ha sido muy estudiado en el Zoológico Brookfield de Chicago

SALVANDO ANIMALES

Muchos animales están **en peligro de desaparecer** en su hábitat natural. Están en peligro de desaparecer para siempre, o de ser extintos.

Entre ellos están los tigres, los leopardos, los rinocerontes, los gorilas, los elefantes y docenas de otros animales.

Casi todos los animales en el zoológico nacieron en algún zoológico. Los zoológicos hacen un esfuerzo especial para criar animales en peligro de desaparecer. Algunos de estos animales criados por los zoológicos pueden ser devueltos a su hábitat natural.

16

Un gorila en peligro de desaparecer criado en cautiverio

ENSEÑANDO SOBRE ANIMALES

Los zoológicos nos ayudan aprender sobre los animales de diferentes maneras. Puedes estudiar el comportamiento de los animales al leer los letreros interesantes.

Los letreros del zoológico nos dan muchos datos sobre los animales y además nos informan si el animal está en peligro de desaparecer.

Los departamentos de educación del zoológico ofrecen programas especiales y oportunidades para que la gente pueda ver a los animales fuera de su exhibición.

También aprendemos usando las bibliotecas y librerías de los zoológicos.

Entrenando un elefante asiático que está en peligro de desaparecer

LOS GUARDIANES DEL ZOOLOGICO

Mucho de los trabajadores del zoológico son guardianes. Los guardianes del zoológico mantienen limpias las exhibiciones, aseguran que los animales están sanos y le dan de comer a los animales. La comida para los animales se prepara en la cocina del zoológico.

Algunos de los guardianes del zoológico también son **domadores** de animales. Trabajan con animales como los elefantes, las marsopas y los halcones. Los animales domados se usan en los programas del zoológico para demostrar sus habilidades especiales.

El guardián del zoológico da de comer a un león marino californiano

EL HOSPITAL DEL ZOOLOGICO

Los zoológicos tratan de mantener sanos y fuertes a sus animales. Pero como la gente, los animales también se enferman.

El hospital del zoológico es dirigido por doctores de animales que se llaman **veterinarios.** El veterinario de un zoológico puede darle tratamiento a un elefante un día y a un pájaro el día siguiente.

Cuando un animal no puede ser trasladado al hospital sin causarle daño, el veterinario le da tratamiento dentro de su exhibición.

GLOSARIO

cautiverio – el hecho de ser guardado en un lugar controlado

colección – el grupo o grupos de animales guardados en el zoológico

domador – una persona que enseña ciertas acciones a los animales

en peligro de desaparecer – dejar de existir

exhibición – un animal del zoológico y sus alrededores – el hecho de mostrar un animal (exhibir)

hábitat – las clases de lugares donde viven los animales tal como el bosque y el desierto

veterinario – un doctor de animales

INDICE